TÚ

JORDI MOLLÁ

YOU

TÚ. YOU

© 2025 Jordi Mollá

Primera edición, 2025

© 2025 MARCOMBO, S. L.

www.marcombo.com

Corrección: Anna Alberola

Directora de producción: M.ª Rosa Castillo

ISBN: 978-84-267-3889-9

D.L.: B 16763-2024

Impreso en Andalusí

Printed in Spain

Libro ecológico
Impreso con papel procedente de bosques gestionados
de manera eficiente, libre de cloro

TÚ

JORDI MOLLÁ

YOU

PRÓLOGO

Mi buen amigo Jordi ha escrito un pequeño gran libro que me ha parecido muy original, sapiencial y experiencial. No es nada fácil transmitir mucha sabiduría en pocas palabras, pero es evidente que el autor lo ha logrado en esta obra.

En estos tiempos que corren, muchas personas se han cansado de buscar la paz y la felicidad donde no se pueden encontrar, es decir, en lo exterior. El autor nos propone un viaje hacia donde sí se pueden encontrar, en el interior, y nos muestra lo que puede ocurrir cuando nos decidimos a comenzar a emprender ese camino. La felicidad no depende de lo que hacemos o conseguimos, sino de aprender a conocer lo que somos y la función que tenemos en el cosmos. Cuando dejamos de enfocarnos en lo que nos falta o en lo que queremos alcanzar y, en su lugar, ponemos nuestra intención y atención en percibir y expandir nuestra energía vital, nuestro ser primordial, encontramos una paz y una felicidad serena y vasta.

Este libro es un compendio de reflexiones breves pero muy profundas, y debe ser leído varias veces para poder interiorizar y comprender en profundidad todo lo que ofrece. Es una obra para tener a mano, en la mesilla de noche, y repasar alguna de sus máximas todos los días.

Cuando aprendemos a estar con nosotros mismos, todo se resuelve, y queda claro que Jordi lo ha comprobado y nos lo cuenta magistralmente.

Gonzalo Rodríguez-Fraile Díaz.

Escanea el QR y descubre la *playlist* creada por Jordi Mollà.
Disfruta de sus melodías mientras lees, para una experiencia única y envolvente.

Scan the QR and discover the playlist created by Jordi Mollà.
Enjoy his melodies while reading for a unique and immersive experience.

Cuando aprendes a estar contigo mismo,
puedes realmente sentir la existencia de Dios.
En silencio. Plenamente consciente.

When you learn to be on your own,
you can really feel the existence of God.
In silence. Aware.

Cuando aprendes a estar contigo mismo,
todo lo que vives es pura aventura.

When you learn to be on your own,
everything you live is pure adventure.

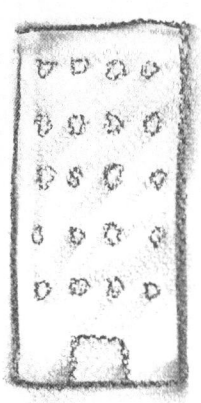

Cuando aprendes a estar contigo mismo,
puedes compartir con otros la profunda verdad dentro de ti.
La opinión externa ya no es un juicio.
Eres libre.

When you learn to be on your own,
you can share with others the deep truth within yourself.
External opinion is no longer a judgment.
You are free.

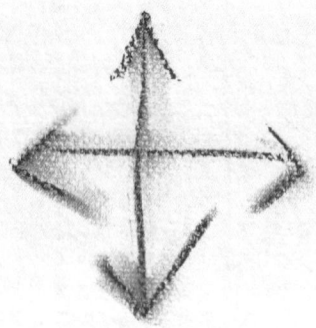

Cuando aprendes a estar contigo mismo,
tienes la oportunidad de seducir el bien que está dentro de ti
y entender el mal que vive en ti.

When you learn to be on your own,
you have the chance to seduce the good within you
and understand the bad inside of you.

Cuando aprendes a estar contigo mismo,
empiezas a entender el principio de la verdadera rendición.
Ya no hay necesidades, todo se convierte... en un regalo.

When you learn to be on your own,
you start learning the principle of true surrender.
There are no needs anymore, everything becomes... just a gift.

Cuando aprendes a estar contigo mismo,
deseas respeto y amor para ti y para los demás.

When you learn to be on your own,
you desire respect and love for yourself and for others.

Cuando aprendes a estar contigo mismo,
puedes escuchar los susurros de tus propios miedos
y también los milagros de tus propias virtudes.

When you learn to be on your own,
you can listen to the whispers of your own fears
but also the miracle of your own virtues.

Cuando aprendes a estar contigo mismo,
puedes realmente sentir la intensidad de la vida.
Sin pensamiento. Sin juicio.

When you learn to be on your own,
you can really feel the vividness of life.
Without thought. Without judgment.

Cuando aprendes a estar contigo mismo,
estar ocupado solo por el mero hecho de estarlo
ya no tiene sentido.

When you learn to be on your own,
being busy just for the sake of it
makes no more sense.

Cuando aprendes a estar contigo mismo,
todas las emociones dentro de ti surgen
y crean una montaña rusa insoportable de sentimientos, miedos,
traumas, complejos, pensamientos y confusiones.
Por eso, la mayoría de la gente teme estar consigo misma.

When you learn to be on your own,
all the emotions within you arise
creating almost an unbearable rollercoaster of feelings, fears,
traumas, complexes, thoughts and confusion.
That's why most people are afraid of being on their own.

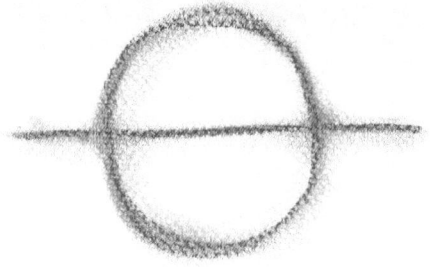

Cuando aprendes a estar contigo mismo,
nadie te puede herir.
Y eso es poder.

When you learn to be on your own
nobody can hurt you.
And that is power.

Cuando aprendes a estar contigo mismo,
estás aceptando quién eres verdaderamente.

When you learn to be on your own,
you are deeply accepting of who you are.

Cuando aprendes a estar contigo mismo,
dejas de buscar una relación, un amigo, un trabajo.
Ellos te encuentran a ti.

When you learn to be on your own,
you stop trying to find a relationship, a friend, a job.
They just find you.

Cuando aprendes a estar contigo mismo,
sabes exactamente con quién quieres compartir tu tiempo.

When you learn to be on your own,
you know exactly with whom you want to share your time.

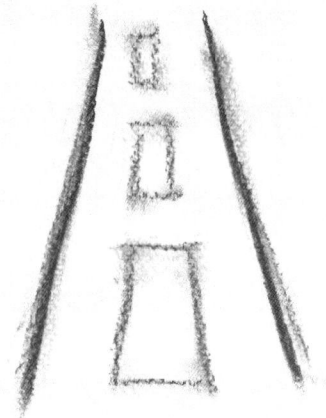

Cuando aprendes a estar contigo mismo,
el silencio se convierte en la música de tu propia existencia.

When you learn to be on your own,
silence becomes the music of your own existence.

Cuando aprendes a estar contigo mismo,
desearías estar acompañado;
pero, cuando esa compañía llega,
entonces quieres tan solo estar contigo mismo.

When you learn to be on your own
you might wish you had some company,
and when that company arrives
you just want to be on your own.

Cuando aprendes a estar contigo mismo
y estás completamente presente,
cientos de ideas empiezan a surgir.

When you learn to be on your own,
and you are totally present,
hundreds of ideas start arising.

Cuando aprendes a estar contigo mismo,
te conviertes en el mejor guía de tu propia vida.

When you learn to be on your own,
you become your best guide in life.

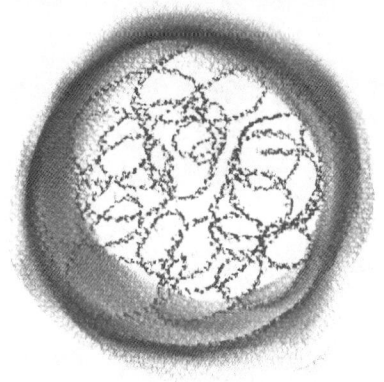

Cuando aprendes a estar contigo mismo,
tienes dos opciones: descubrir y explorar el laberinto de tu grandeza
o perderte en el laberinto de tu miseria.

When you learn to be on your own,
you have two options: discover and explore the labyrinth
of your greatness or get lost in the labyrinth of your miseries.

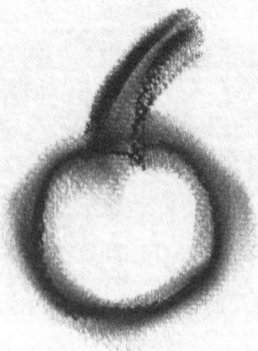

Cuando aprendes a estar contigo mismo,
el consejo de los demás es totalmente innecesario.

When you learn to be on your own,
advice from other people is really unnecessary.

Cuando aprendes a estar contigo mismo,
puedes sentir la esencia del tiempo expandiéndose y contrayéndose.
El tiempo es solamente tiempo, y tú eres solo un testigo
y solo entonces entiendes y aprendes a utilizar tu tiempo.

When you learn to be on your own,
you can feel the essence of time expanding and contracting.
Time is just time, and you are just a witness of it
and only then you understand how to use your time.

Cuando aprendes a estar contigo mismo,
no persigues el éxito;
tú te conviertes en éxito.

When you learn to be on your own,
you don't chase success.
You become success.

Cuando aprendes a estar contigo mismo,
puedes encontrar la idea que te convierta
en alguien extremadamente exitoso y rico.
Les sucedió a otros y te puede suceder a ti.

When you learn to be on your own,
you can find the idea that will make you
extremely successful and wealthy.
It happened to many others and it can happen to you.

Cuando aprendes a estar contigo mismo,
no hay nada que demostrar a nadie.
Simplemente haces lo que quieres hacer.

When you learn to be on your own,
there is nothing else to prove to anyone.
You just simply do what you want to do.

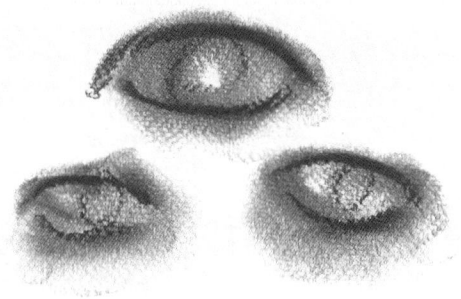

Cuando aprendes a estar contigo mismo,
la soledad es una palabra que no tiene sentido.
La distracción es innecesaria, escapar no es una opción,
las acciones compulsivas se detienen, el ruido mental disminuye
y tú puedes estar aquí. Contigo mismo.

When you learn to be on your own,
solitude or loneliness are words with no meaning.
Distraction is unnecessary, scaping is not needed,
compulsion action stops, mental noise fades
and then you can just be here. On your own.

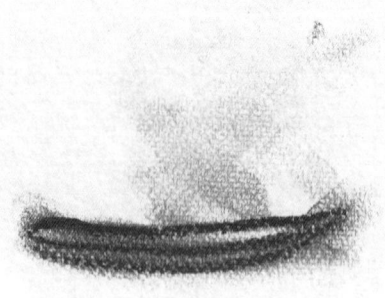

Cuando aprendes a estar contigo mismo,
el pasado es el pasado, el futuro es el futuro
y el presente eres tú.

When you learn to be on your own,
past is past, future is future
and present is you.

Cuando aprendes a estar contigo mismo,
dejas a los demás vivir en su propia ilusión, locura y también miseria.
No hay nada que puedas hacer.

When you learn to be on your own,
you let people live in their own illusion, madness and even misery.
There is nothing you can do about it.

Cuando aprendes a estar contigo mismo,
no hablas mucho.
Solo haces.

When you learn to be on your own,
you don't talk much.
You just do.

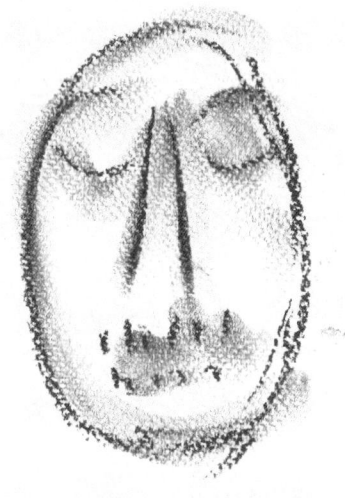

Cuando aprendes a estar contigo mismo,
no buscas ideas.
Tú eres la idea.

When you learn to be on your own,
you are not looking for ideas.
You are the idea.

Cuando aprendes a estar contigo mismo,
te conviertes en el maestro de tus propias funciones vitales.
Puedes curarte a ti mismo.

When you learn to be on your own,
you become the master of your own vital functions.
You can heal yourself.

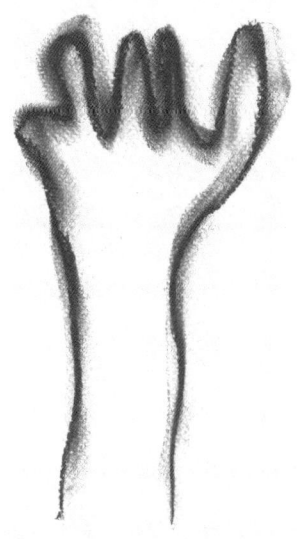

Cuando aprendes a estar contigo mismo,
tienes la capacidad de decir sí o no en una fracción del segundo,
porque muchas decisiones que la gente toma
están basadas en el temor de estar consigo mismos.

When you learn to be on your own,
you have the ability to say yes or no in a fraction of a second
because most of the decisions people make
are based on fear to be on their own.

Cuando aprendes a estar contigo mismo,
te sientes inmediatamente aislado, diferente,
desconectado de todos, raro, perdido e incluso deprimido.
Está bien. Estás perfeccionando el arte de estar contigo mismo.

When you learn to be on your own,
you immediately feel isolated, different,
disconnected from everyone, strange, lost, even miserable.
It's ok. You are just mastering the art of being on your own.

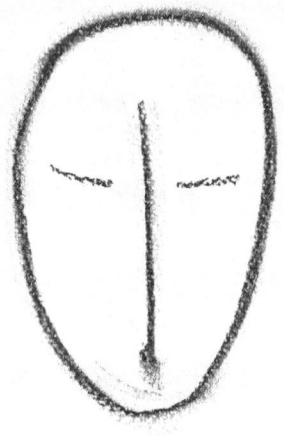

Cuando aprendes a estar contigo mismo,
tu voz, tarde o temprano, será escuchada por más gente
de la que nunca podrías haber imaginado.

When you learn to be on your own, your voice,
sooner or later will be heard by more people
than you could have ever imagined.

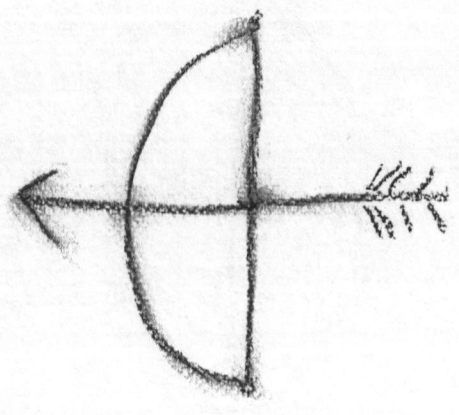

Cuando aprendes a estar contigo mismo, la gente te sigue.
Pero entonces tienes que seguir aprendiendo a estar contigo mismo.

When you learn to be on your own people will follow you.
But then you have to keep learning how to be on your own.

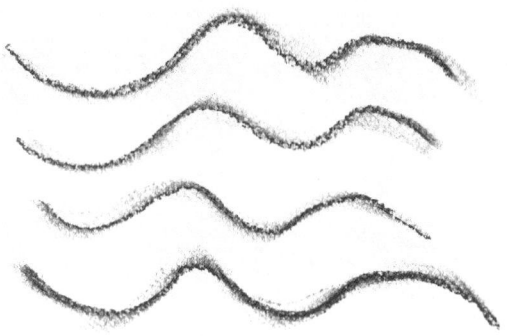

Cuando aprendes a estar contigo mismo, las etiquetas desaparecen.
El papel que te han forzado a interpretar en la vida ya no tiene sentido.
No sigues a nadie. No estás sometido a hacer lo que los demás hacen.
Un sentido inmenso de libertad y alegría crece en ti.
Tú no eres ellos. Tú eres solo tú, y eso es algo bello.

When you learn to be on your own, labels disappear.
The role that you've been forced to play in life doesn't make sense anymore.
You don't follow anyone. You are not subjected to do what other people do.
An immense sense of freedom and joy arises.
You are not them. You are just you, and that is a beautiful thing.

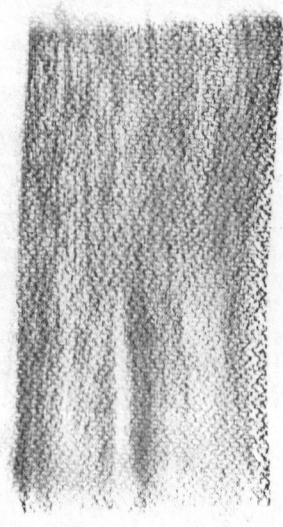

Cuando aprendes a estar contigo mismo,
no persigues el dinero; eso llega por defecto.

When you learn to be on your own,
you don't chase money, that comes by default.

Cuando aprendes a estar contigo mismo,
no compites con nadie, no te comparas con nadie.
Te conviertes en alguien único.
Tú.

When you learn to be on your own
you don't compete with anyone, you don't compare to anyone.
You become one of a kind.
You.

Cuando aprendes a estar contigo mismo,
puedes decidir si quieres seguir haciendo lo que tus padres,
profesores, amigos y amantes te dijeron que hicieras.

When you learn to be on your own,
you can decide if you want to continue doing what your parents,
teachers, friends and lovers told you to do.

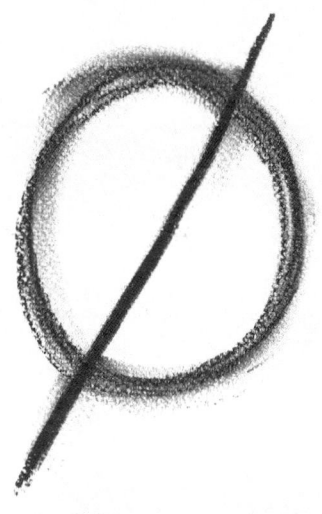

Cuando aprendes a estar contigo mismo,
un silencio profundo aparece y le da sentido a todo.
No hay necesidad de hablar mucho más.

When you learn to be on your own
a deep deep silence appears giving total sense to everything.
There is no need to talk much anymore.

Cuando aprendes a estar contigo mismo,
de repente, todo es extremadamente sencillo.
No hay ningún drama en absoluto.

When you learn to be on your own,
suddenly, everything is extremely simple.
There is absolutely no drama.

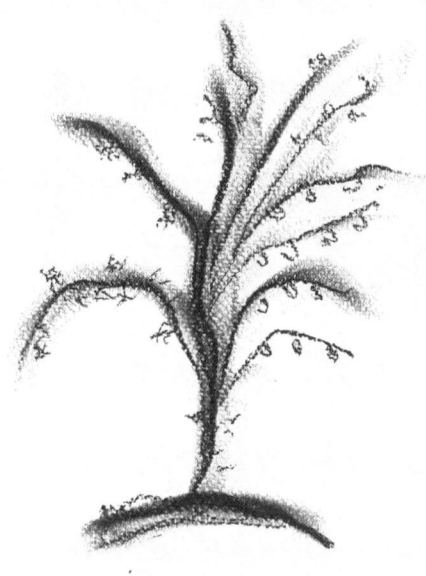

Cuando aprendes a estar contigo mismo,
puedes tener la más contundente de las opiniones y, al mismo tiempo,
estar totalmente abierto a escuchar las opiniones de otros.
Aprender a estar contigo mismo es una señal de inteligencia extrema.

When you learn to be on your own,
you can have the strongest of opinions and at the same time
be totally open to listen to other opinions.
To learn to be on your own is a sign of extreme intelligence.

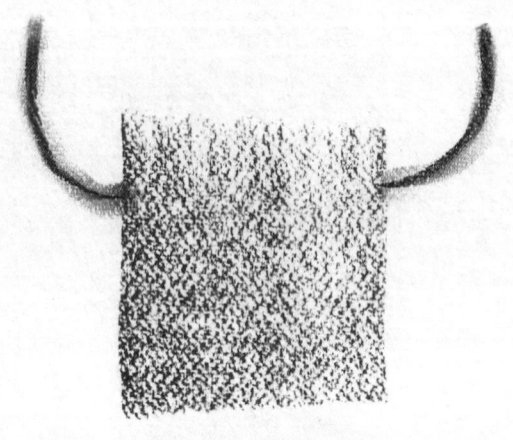

Cuando aprendes a estar contigo mismo,
no hay necesidad de imponer tu voluntad a nadie.
Tú te liberas y deseas la libertad a tu alrededor.

When you learn to be on your own,
there is no need to impose your will on anyone.
You free yourself and you wish for freedom around you.

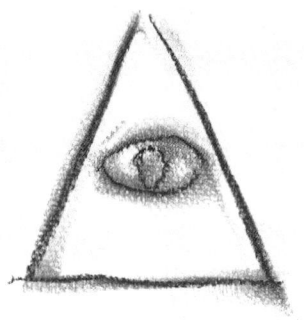

Cuando aprendes a estar contigo mismo,
soluciones profundas pueden ser encontradas.

When you learn to be on your own,
deep solutions can be found.

Cuando aprendes a estar contigo mismo,
ya no se trata de quién llega primero
sino de quién llega mejor.

When you learn to be on your own,
it's not about who arrives first
but who arrives best.

Cuando aprendes a estar contigo mismo,
tu vida es completamente tuya.

When you learn to be on your own,
your life is entirely yours.

Cuando aprendes a estar contigo mismo,
puedes sentir la realidad de tu poder,
basado en tu propia vulnerabilidad.
Y eso es una fuerza.

When you learn to be on your own,
you can feel the reality of your power
based on your own vulnerability.
And that is strength.

Cuando aprendes a estar contigo mismo,
la tecnología no es una necesidad sino un uso.

When you learn to be on your own,
technology is not a need, but a use.

Cuando aprendes a estar contigo mismo,
aprendes con quién quieres pasar tiempo.

*When you learn to be on your own
you learn who you want to spend time with.*

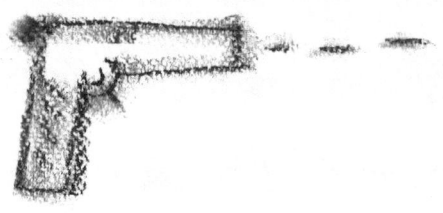

Cuando aprendes a estar contigo mismo,
no hay despedidas.
Todo es una bienvenida constante.

When you learn to be on your own
there's no goodbye.
Everything is constantly welcoming.

Cuando aprendes a estar contigo mismo,
no vuelves al pasado.
Solo avanzas.

When you learn to be on your own,
you don't go back.
You just move forward.

Cuando aprendes a estar contigo mismo,
la soledad no existe.

When you learn to be on your own,
loneliness doesn't exist.

Cuando aprendes a estar contigo mismo,
estar aburrido es imposible.
Cualquier plan es el plan perfecto.

When you learn to be on your own,
getting bored is impossible.
Any plan is the perfect plan.

Cuando aprendes a estar contigo mismo,
te das cuenta de la cantidad inmensa de energía que posees.

When you learn to be on your own
you realize the great amount of energy you possess.

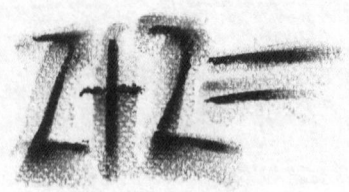

Cuando aprendes a estar contigo mismo,
no existe la necesidad de hacer.
La única necesidad es ser.

When you learn to be on your own,
there is no need to do.
The only need is to be.

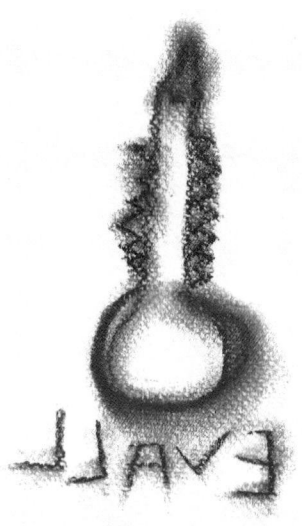

Cuando aprendes a estar contigo mismo,
dejas de necesitar.

When you learn to be on your own
you stop being in need.

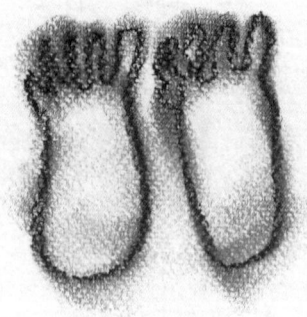

Cuando aprendes a estar contigo mismo,
la última cosa que quieres hacer es mirar tu teléfono móvil.

When you learn to be on your own,
the last thing you want to do is check your cell phone.

Cuando aprendes a estar contigo mismo,
puede que te encuentres con personas que dicen que eres un egoísta
o un intolerante. De hecho, puede que sea lo opuesto.
Ellos simplemente proyectan la admiración hacia ti
porque aún no han aprendido a estar consigo mismos.
Y eso es realmente egoísta.

When you learn to be on your own
you might find people that tell you that you are egoist,
intolerant or selfish. Actually, it can be the opposite.
They are just projecting admiration towards you
because they still haven't learned yet to be on their own.
And that really is being selfish.

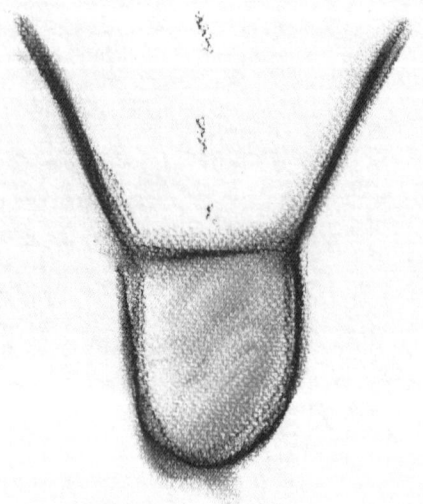

Cuando aprendes a estar contigo mismo,
puede que te sientas solo, aburrido, raro, triste...
pero todas esas emociones son parte de ti.

When you learn to be on your own
you might feel lonely, bored, strange, sad,
but all of these emotions are also you.

Cuando aprendes a estar contigo mismo,
aprendes a tener compasión hacia los sentimientos
que no te gustan de ti.

When you learn to be on your own,
you learn to have compassion towards the feelings
you don't like about yourself.

Cuando aprendes a estar contigo mismo,
solamente hablas cuando realmente es necesario.

When you learn to be on your own,
you speak only when you really need to.

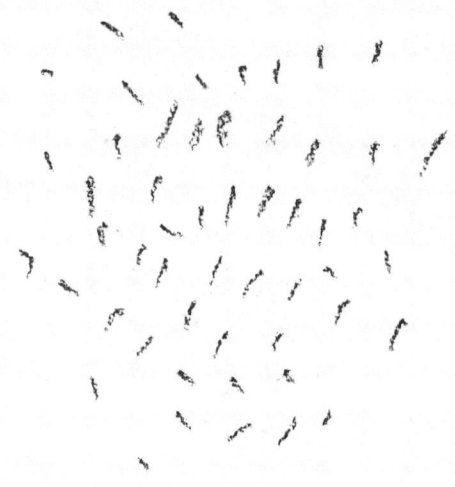

Cuando aprendes a estar contigo mismo,
encuentras a la compleja y bonita criatura que eres.

When you learn to be on your own,
you will find the complex and beautiful creature that you are.

Cuando aprendes a estar contigo mismo,
tienes los recursos para dar consejos a otros,
porque ya te has dado a ti mismo
todos los consejos posibles para saber estar contigo.

When you learn to be on your own,
you have the sources to give advice to other people,
because you gave to yourself
all the possible advices to know how to be on your own.

Cuando aprendes a estar contigo mismo,
no tienes que convencer, buscar, controlar, coquetear ni actuar.
Encuentras justo lo que necesitas en el momento adecuado.
Lo cual significa... todo lo que necesitas.

When you learn to be on your own,
you don't need to convince, seek, control, flirt, or act.
You just find what you need at the right time.
Which means...everything you need.

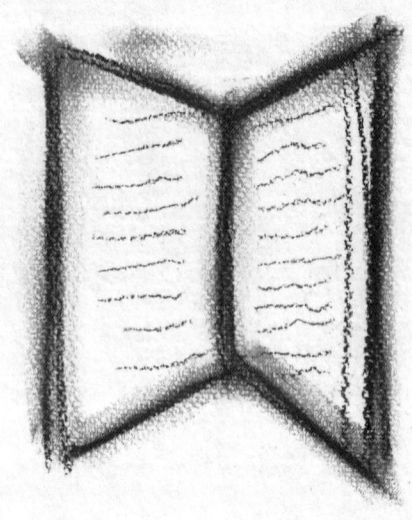

Cuando aprendes a estar contigo mismo,
te deshaces de muchas responsabilidades
que otros han fabricado... a tu favor...

When you learn to be on your own,
you detach yourself of so many responsibilities
that others have fabricated in... your favor....

Cuando aprendes a estar contigo mismo,
puedes ver cuántas personas deciden estar con otras personas
porque no saben cómo estar consigo mismas.

When you learn to be on your own,
you can see how many people decide to be with someone else
because they don't know how to be on their own.

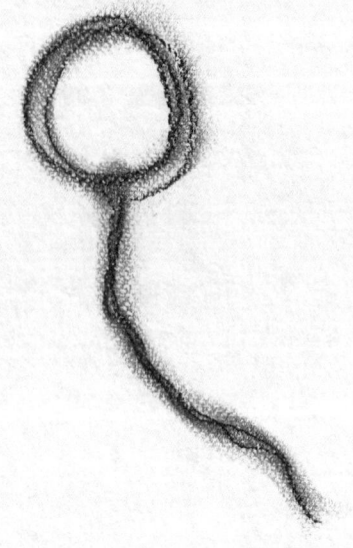

Cuando aprendes a estar contigo mismo,
estar con gente es una elección y no una necesidad.

When you learn to be on your own,
being with people is a choice not a need.

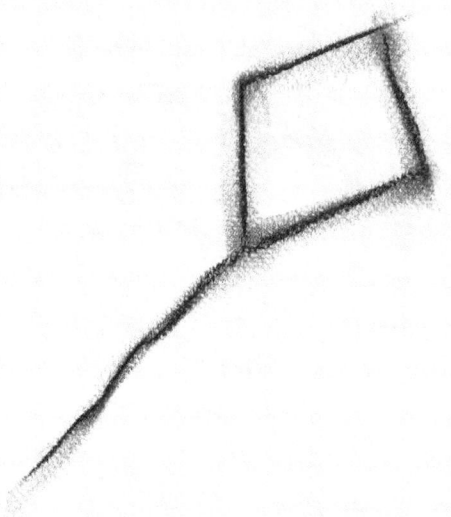

Cuando aprendes a estar contigo mismo,
no solo has conquistado el mundo sino también a ti mismo.

When you learn to be on your own
you conquered not only the world but yourself.

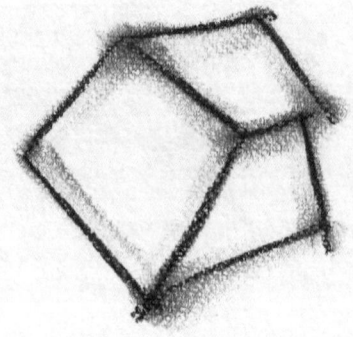

Cuando aprendes a estar contigo mismo,
la muchedumbre o los grupos no serán tus lugares por mucho tiempo.

When you learn to be on your own,
crowds or groups will not be your place for a long time.

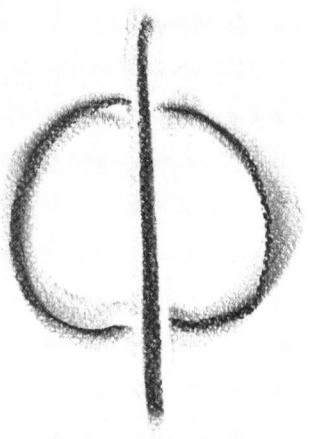

Cuando aprendes a estar contigo mismo,
puedes tener un problema grave.
El problema puede ser que no quieras estar con nadie más.

When you learn to be on your own,
you might have one severe problem.
The problem could be that you don't want to be with anyone else.

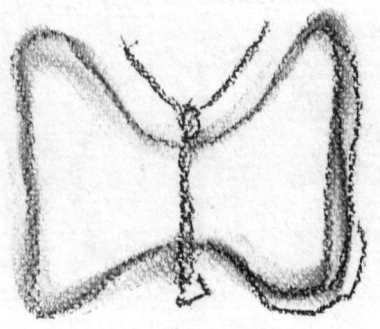

Cuando aprendes a estar contigo mismo,
desarrollas un sentido de supervivencia, aprendes a buscar
tu propio camino. Aprendes a buscar soluciones.
Un gran potencial en tu interior crece. Descubres que tienes
más recursos para funcionar de lo que nunca jamás habrías imaginado.

When you learn to be on your own,
you develop your sense of survival, you learn to find your own way.
You learn to find solutions.
A huge amount of potential within you arises. You discover you have
more sources to function that you had never ever imagined.

Cuando aprendes a estar contigo mismo,
el aislamiento no significa nada.

When you learn to be on your own,
isolation means nothing.

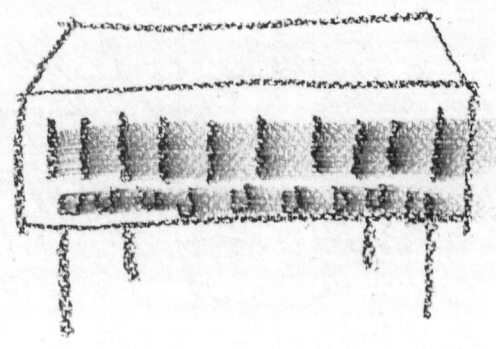

Cuando aprendes a estar contigo mismo,
te conviertes en tu mejor compañía, empiezas a sentir cuántas personas
son adictas a la infelicidad. Cuántas personas deciden autodestruirse
tomando las decisiones equivocadas y haciendo que los demás
sean parte de su propia autodestrucción. Amistades equivocadas,
hijos equivocados, relaciones equivocadas, y así incesantemente...

When you learn to be on your own,
and you become your best company, you start witnessing
how many people are addicted to unhappiness. How many people
decide to self-destruct by making wrong decisions, and making
other people be part of that self destruction, Wrong friendships,
wrong marriage, wrong childs, wrong relationships and on and on...

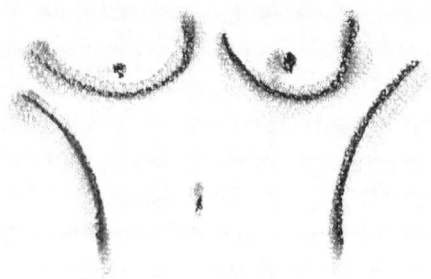

Cuando aprendes a estar contigo mismo,
no hay rechazo ni abandono que te pueda herir
porque estás contigo y feliz de estarlo.

When you learn to be on your own
no rejection or abandonment can hurt you
because you are just on your own, and happy to be on your own.

Cuando aprendes a estar contigo mismo,
no hay prisa en conseguir lo que deseas.
Tienes la certeza de que todo lo que deseas
llegará en el momento perfecto y en el lugar perfecto.

When you learn to be on your own,
there is no rush to accomplish what you desire.
You just have the certainty that whatever you are wishing for,
will arrive at the perfect moment in the perfect place.

Cuando aprendes a estar contigo mismo,
te conviertes en el maestro de tu propio tiempo.
No intentas llenar el tiempo,
no intentas llenar cualquier vacío emocional,
no intentas nada porque tú estás siempre contigo mismo.

When you learn to be on your own,
you become a master of your own time.
You are not trying to fill time,
you are not trying to fill any kind of emotional void,
you are not trying anything, cause you are always just on your own.

Cuando aprendes a estar contigo mismo,
sabes lo que es cantidad y lo que es calidad.

When you learn to be on your own,
you know what is quantity and what is quality.

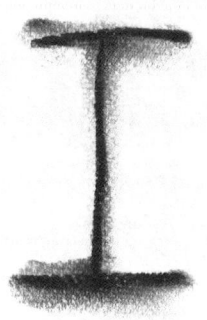

Cuando aprendes a estar contigo mismo,
no estás expuesto a ningún drama en una relación.
Puedes identificar fácilmente lo que es una relación tóxica
en cualquier campo, a cualquier nivel.

When you learn to be on your own,
you are not exposed to any drama in relationships.
You can identify easily what a toxic relationship
is in any field, at any level.

Cuando aprendes a estar contigo mismo,
no te estás perdiendo nada.
Ni dinero, ni amor, ni oportunidad, ni atención.
Estás tranquilamente contigo mismo.

When you learn to be on your own,
you are not missing anything.
Not money, love, opportunity or attention.
You are just calmly on your own.

Cuando aprendes a estar contigo mismo,
no esperas a nadie ni nada; caminas contigo.
Lo demás, tarde o temprano, te sigue.

When you learn to be on your own,
you don't wait for anyone or anything, you just walk on your own.
The rest, sooner or later will follow you.

Cuando aprendes a estar contigo mismo,
dejas de ser codependiente. Dejas de ser un adicto.

When you learn to be on your own, you stop being codependent.
You stop being an addict.

Cuando aprendes a estar contigo mismo,
eliges compartir tu vida con otra persona.
Lo demás es solo miedo a sentirte solo.

When you learn to be on your own,
you choose to share your life with someone else.
The rest is fear of feeling lonely.

Cuando aprendes a estar contigo mismo,
abrir los ojos por la mañana es una pura celebración.
Ha llegado un nuevo día.

When you learn to be on your own,
opening your eyes in the morning is a pure celebration.
A brand new day has arrived.

Cuando aprendes a estar contigo mismo,
te das cuenta de que todo lo que necesitabas,
todo lo que estabas buscando, está justo enfrente de ti.

When you learn to be on your own,
you realize that everything you needed, everything you were looking for
is just in front of you.

Cuando aprendes a estar contigo mismo,
sabes exactamente lo que es bueno para ti.
Los consejos son solamente palabras.

When you learn to be on your own,
you know exactly what is right for you.
Advices are just words.

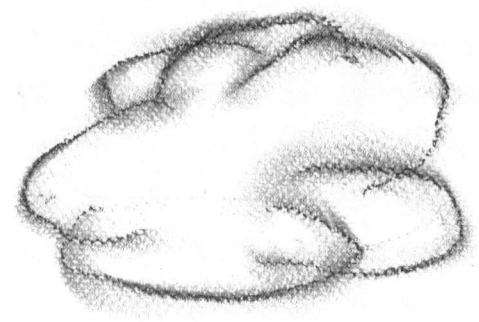

Cuando aprendes a estar contigo mismo,
no necesitas socializar. La sociedad se acerca a ti.

When you learn to be on your own,
you don't need to socialize. Society comes to you.

Cuando aprendes a estar contigo mismo,
puedes ver claramente que la mayoría de la gente
está rodeada de falsa compañía.

When you learn to be on your own,
you can witness that most of the people
are surrounded by fake company.

Cuando aprendes a estar contigo mismo,
te aceptas por ser quien realmente eres.

When you learn to be on your own,
you fully accept who you really are.

Cuando aprendes a estar contigo mismo,
el sexo no es una actividad, sino algo superior.
Un encuentro con otra persona.

When you learn to be on your own,
sex is not an activity but something higher.
An encounter with someone else.

Cuando aprendes a estar contigo mismo,
la traición no tiene efecto en ti.

When you learn to be on your own,
betrayal has no effect on you.

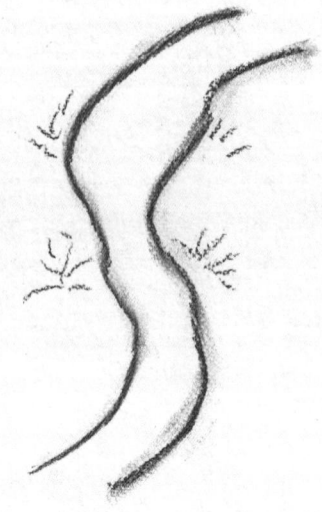

Cuando aprendes a estar contigo mismo,
la palabra «compañía» no está en tu diccionario.

When you learn to be on your own,
company is not a word in your dictionary.

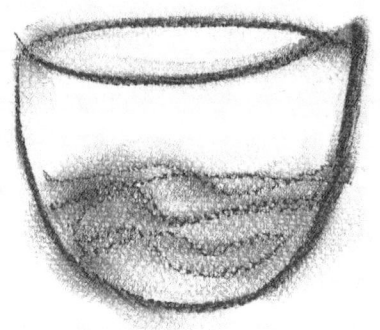

Cuando aprendes a estar contigo mismo,
desarrollas una fuerte conciencia porque ya has tenido
una conversación muy muy larga contigo mismo.

When you learn to be on your own,
you develop a strong awareness, because you already had
a very, very long conversation with yourself.

Cuando aprendes a estar contigo mismo,
nace la verdadera compasión.

When you learn to be on your own,
true compassion is born.

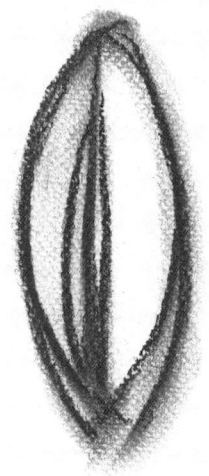

Cuando aprendes a estar contigo mismo, dejas de correr.
Simplemente avanzas más rápido que la gente que corre.

When you learn to be on your own, you stop running.
You simply move forward faster than people who run.

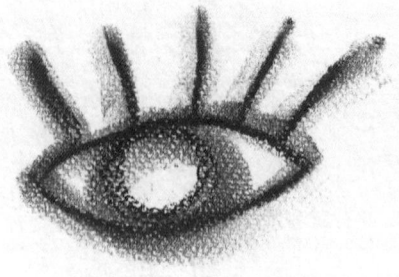

Cuando aprendes a estar contigo mismo,
una tonelada de drama social innecesario se evapora.

When you learn to be on your own,
tons of unnecessary social drama evaporates.

Cuando aprendes a estar contigo mismo,
solamente quieres estar donde estás ahora mismo.
Lo que significa… contigo mismo.

When you learn to be on your own,
you just want to be where you are right now.
Which means…on your own.

Cuando aprendes a estar contigo mismo,
quizás te sientas diferente a los demás, pero sentirte diferente
a los demás es todo lo que necesitas para causar un impacto.

When you learn to be on your own
you might feel different from the rest, but feeling different
from the rest is all you need to make an impact.

Cuando aprendes a estar contigo mismo,
tienes la posibilidad real de conquistar todos los miedos
que siempre te han perseguido.

When you learn to be on your own
you have the real possibility to conquer all the fears
that have always haunted you.

Cuando aprendes a estar contigo mismo,
eres capaz de ver quién es quién y qué es qué.

*When you learn to be on your own,
you are able to see who is who and what is what.*

Cuando aprendes a estar contigo mismo,
cada segundo se siente como una hora,
y entonces la gente se queja mientras corre
diciendo que no tienen tiempo.

When you learn to be on your own,
every second feels like an hour,
and then people complain running around
saying they have no time.

Cuando aprendes a estar contigo mismo,
un sentimiento profundamente sagrado surge dentro de ti.

When you learn to be on your own,
a deeply sacred feeling arises within.

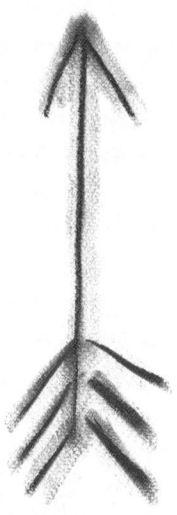

Cuando aprendes a estar contigo mismo,
la posibilidad de enamorarse de algo o de alguien
se convierte en una realidad porque hay mucho espacio
y tiempo para que eso suceda.

When you learn to be on your own
the possibility of falling in love with anything or anybody
becomes a reality because there is plenty of room
and time to make that happen.

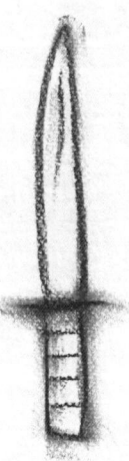

Cuando aprendes a estar contigo mismo,
te deshaces de la mayoría de las cosas innecesarias
que pensabas que necesitabas en tu vida.

When you learn to be on your own,
you detached to most of all the unnecessary things
you thought you needed in your life.

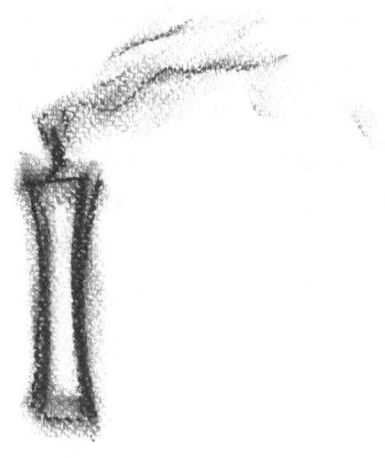

Cuando aprendes a estar contigo mismo,
la procreación es un acto de puro amor a la vida.
No es algo social, ni genéticamente impuesto o requerido.

When you learn to be on your own,
procreation is a pure act of love for life,
it's not anything socially or genetically imposed or required.

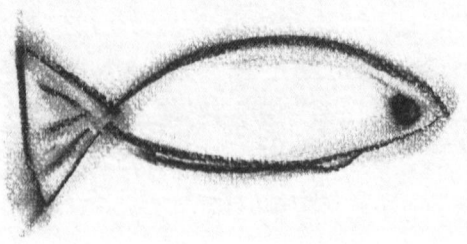

Cuando aprendes a estar contigo mismo, la euforia se calma.
Surge una paz que combate el miedo y la duda.
El hecho de pensar demasiado se manifiesta con una fuerte ansiedad.
Pero en lo más profundo de tu ser estás construyendo el espacio interior
y la fuerza que habías perdido por un momento.

When you learn to be on your own, euphoria calms down.
A certain peace arises fighting fear and doubt.
Overthinking manifests itself provoking strong anxiety.
But deep inside you are building the inner space and strength
that you had lost for a moment.

Cuando aprendes a estar contigo mismo,
la gente empieza a admirarte.
Los demás desean saber cómo aprender a estar consigo mismos.

When you learn to be on your own,
people start admiring you.
They wish they knew how to learn be on their own.

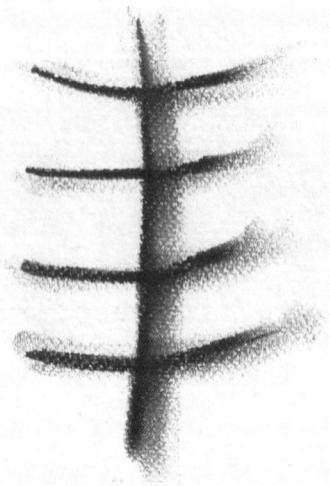

Cuando aprendes a estar contigo mismo,
tu ego desaparece.
Tu ego te tiene miedo.

When you learn to be on your own,
your ego disappears.
Your ego is afraid of you.

Cuando aprendes a estar contigo mismo,
el silencio no es un enemigo sino una melodía.

When you learn to be on your own,
silence is not an enemy, but a melody.

Cuando aprendes a estar contigo mismo,
el sexo puede ser una forma de violencia.

When you learn to be on your own,
sex can be a form of violence.

Cuando aprendes a estar contigo mismo,
estás preparado para que un millón de milagros se manifiesten.

When you learn to be on your own,
you are ready for a million miracles to be manifested.

Cuando aprendes a estar contigo mismo,
el amor no es una necesidad. Es solo amor.

When you learn to be on your own,
love is not a need. It's just love.

Cuando aprendes a estar contigo mismo,
el silencio compartido con los demás es conversación.

When you learn to be on your own,
silence shared with others is conversation.

Cuando aprendes a estar contigo mismo,
es posible que te sientas miserable y solo.
Pero muchas personas crean familias para no estar solas,
y al final del día se sienten totalmente solas.

When you learn to be on your own,
you might feel miserable, lonely.
But so many people create families not to be on their own,
and at the end of the day they feel totally alone.

Cuando aprendes a estar contigo mismo,
el monólogo interior se detiene.
Eres pura acción, puro presente.
Tú eres el ahora.

When you learn to be on your own,
the inner monologue stops.
You are just pure action, pure present.
You are the now.